КАК СТАТЬ УСПЕШНЫМ И
НОВЫЕ РУССКИЕ

А.А. Поначевная, К.П. Вдовина

СПОРТ – ЭТО ХАРАКТЕР

Санкт-Петербург
«Златоуст»

2021

УДК 811.161.1

Поначевная, А.А.
  Спорт – это характер / Анастасия Поначевная, Ксения Вдовина. — Санкт-Петербург : Златоуст, 2021. — 60 с. — (Как стать успешным и счастливым: новые русские истории). — Текст : непосредственный.

Ponachevnaya, A.A.
  Sport means character / Anastasiya Ponachevnaya, Xeniya Vdovina. — St. Petersburg : Zlatoust, 2021. — 60 p. — (How to become successful and happy: new Russian stories). — Text : unmediated.

ISBN 978-5-907493-35-3

Гл. редактор: к. ф. н. *А.В. Голубева*
Редактор: *А.В. Гурина*
Корректор: *Е.А. Герасимова*
Оригинал-макет: *Е.А. Рыкова*
Обложка: *А.В. Гурина, Canva.com*

Серия разработана для изучающих русский язык как второй / иностранный на уровнях А2 и В1. Её героями стали представители самых разных профессий, живущие в России XXI века. Серия предназначена для экстенсивного ознакомительного домашнего чтения. Каждый выпуск посвящён одной из профессиональных сфер и содержит адаптированные тексты на документальной основе с иллюстрациями, страноведческими комментариями и вопросами на понимание общего содержания.

© Поначевная А.А. (обработка текста, комментарии),
  Вдовина К.П. (вопросы), 2021
© ООО Центр «Златоуст» (редакционно-издательское оформление,
  издание, лицензионные права), 2021

Подготовка оригинал-макета: издательство «Златоуст».
Подписано в печать 14.10.21. Формат 60×90/16. Печ. л. 3,75. Печать цифровая.
Тираж 500 экз. Заказ № 221792.
Код продукции: ОК 005-93-953005.

Санитарно-эпидемиологическое заключение на продукцию издательства Государственной СЭС РФ № 78.01.07.953.П.011312.06.10 от 30.06.2010 г.

Издательство «Златоуст»: 197101, Санкт-Петербург, Каменноостровский пр., д. 24в, пом. 1-Н. Тел.: (+7-812) 346-06-68, 703-11-78; e-mail: sales@zlat.spb.ru;
http://www.zlat.spb.ru. Интернет-магазин издательства: www.zlatoust.store

Отпечатано в ИП Васильев С.В.
194044, Россия, Санкт-Петербург, ул. Менделеевская, д. 9.
Тел.: (812) 565-25-18; spb.aster-print.com

Кто же не хочет стать успешным и счастливым? Хотят многие, а вот удаётся это не всем. Книжки с советами о том, как стать успешным и счастливым, выходят огромными тиражами, их читают миллионы людей.

В нашей серии книжек не будет советов, не будет готовых ответов, а будут истории, которые рассказали о себе самые разные люди. Мы собрали рассказы и интервью о людях, рядом с которыми мы живём и которые нам самим очень нравятся.

Вы прочитаете истории о наших современниках, которые сегодня успешно живут и работают в России. Среди наших героев будут музыканты и блогеры, инженеры и учёные, художники и предприниматели, спортсмены и модельеры, шеф-повара и просто родители. Вы познакомитесь с совсем молодыми людьми и уже зрелыми, очень известными и не очень. Каждый из героев выбрал в этой жизни свой неповторимый путь, каждый решал на этом пути свои проблемы и у каждого получилась своя счастливая история.

Мы хотели бы, чтобы наши истории помогли вам самим решить, как стать успешным и счастливым именно вам. И, конечно, мы надеемся, что наши книжки помогут вам лучше говорить по-русски и понимать русских.

Желаем вам успеха!

Авторы

ДЕТСКИЙ ТРЕНЕР НАСТОЛЬНОГО ТЕННИСА ИРИНА БИТЮЦКАЯ

Все мечтают стать успешными и счастливыми, но не всегда удаётся. У каждого своя дорога, и главное в жизни – выбрать правильную для себя.

Детскому тренеру по **настольному теннису** из города **Нальчик** – Ирине Битюцкой – это сделать удалось. У нее есть всё, что нужно для счастья: настоящие друзья, любимая работа, прекрасная семья. И сегодня можно с **уверенностью** сказать, что всё это – благодаря спорту.

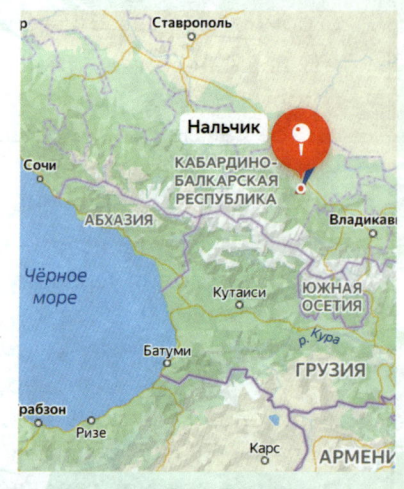

Ирина родилась в Советском Союзе – так в XX веке называлась Россия и многие её соседи: Литва, Эстония, Латвия, Беларусь, Украина, Грузия, Армения, Азербайджан, Казахстан, Узбекистан, Туркмения и другие. В **СССР** у каждого ребёнка была возможность выбрать любую сферу и стать тем, кем хочешь: врачом, музыкантом, спортсменом, учёным. Но ситуация Ирины Битюцкой с самого начала была непростой. Её родители были **слепыми**. Правда, их слепота не была **генетической** и Ирина видела хорошо.

Комментарии:

- **особый** – не такой, как все
- **настольный теннис** – теннис на столе
- **Нальчик** – российский город на Северном Кавказе, столица Кабардино-Балкарской Республики (КБР)

• **уверенность:** сказать с уверенностью – сказать твёрдо, без сомнения
• **СССР** – Союз Советских Социалистических Республик, Советский Союз
• **слепой** – тот, кто не видит и не может видеть; слепота – невозможность видеть
• **генетический** – данный от рождения

Вопросы:

1. В каком городе живет и работает Ирина Битюцкая? Найдите его на карте. Как вы думаете, какая погода в этом городе летом? А зимой?
2. Что делает Ирину счастливой?
3. Как вы думаете, какое детство было у Ирины?
4. Посмотрите на карту Советского Союза. Какие страны были раньше частью СССР? Вы нашли на карте 15 союзных республик?
5. Хорошо ли вы видите? Какие проблемы могут быть у того, кто плохо видит или не видит совсем?

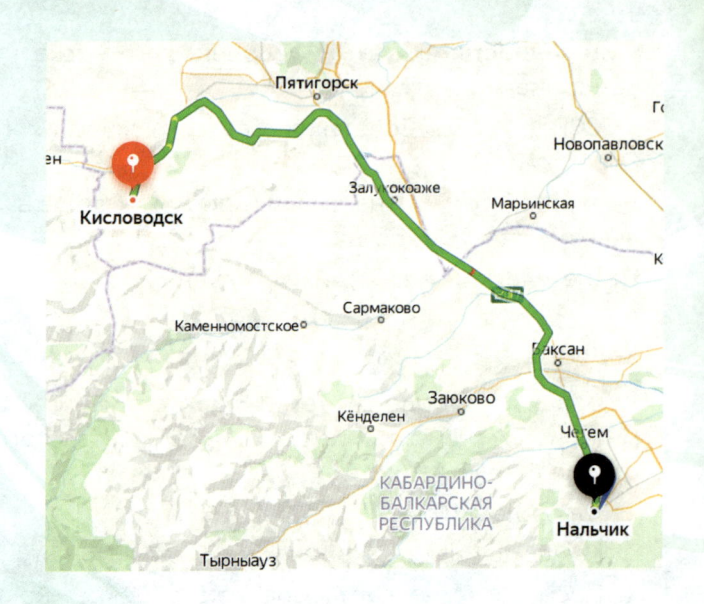

Мама и папа Ирины были **единственными взрослыми** в семье. В доме не было бабушек и дедушек, других родственников или просто **помощников**. Ирина – старший ребёнок, поэтому ей надо было очень рано стать **самостоятельной**. Уже в три года она вместе с папой регулярно ездила из родного Нальчика в **Кисловодск**, чтобы отец мог получить профессию **массажиста** в медицинском училище. Она помогала ему переходить дорогу, **ориентироваться** на улице и в зданиях. В пять лет Ирина начала помогать матери в домашних делах и с младшим братом, для которого она уже тогда стала **няней**, хотя была старше только на два года. Самостоятельность очень помогла Ирине и в жизни, и в спорте.

Ирина с детства любила спорт, хотя среди ее родственников нет спортсменов. Сначала она занималась **акробатикой**, а потом – в 7 лет – пришла в класс настольного тенниса, где уже тренировалась подруга. Тренеры сразу заметили Битюцкую, потому что увидели: у девочки есть

6 • Как стать успешным и счастливым : новые русские истории

Таисия Ивановна Залукаева – первый тренер Ирины Битюцкой

талант – она очень хорошо чувствует мяч. Они убедили Битюцкую: ей нужно отдавать занятиям настольным теннисом как можно больше времени. Ирина согласилась. Она ещё не знала, что с этого момента все события в её жизни будут **так или иначе связаны** с этим видом спорта.

Комментарии:

- **единственный** – только один, в одном экземпляре.
- **взрослый** – большой по возрасту, уже не ребёнок.
- **помощник** – тот, кто помогает, ассистент.
- **самостоятельный** – тот, кто может делать что-то сам, без помощи других, независимый от помощи других людей; самостоятельность – независимость от помощи других людей.
- **Кисловодск** – город-курорт в Ставропольском крае, бальнеологический и климатический курорт в регионе Кавказские Минеральные Воды. Второе место в России после Сочи по числу санаториев.

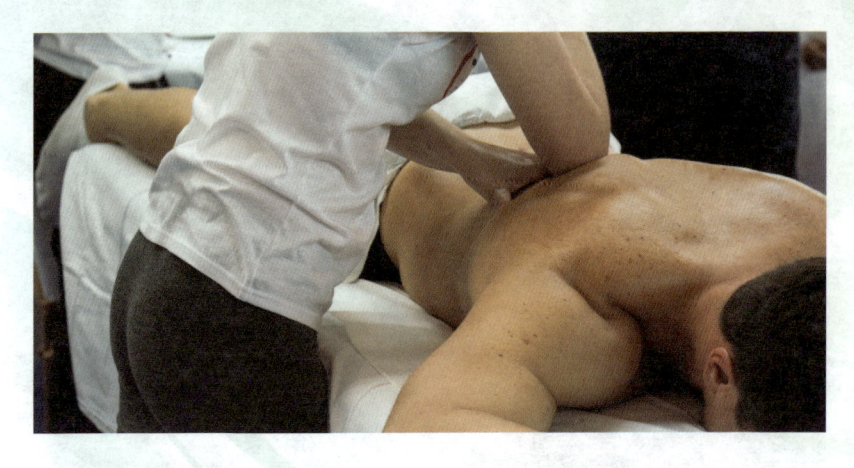

- **массажист** – тот, кто делает массаж
- **ориентироваться** – быстро находить дорогу (понимать, куда и как нужно идти)
- **няня** – чужая женщина, которая смотрит за ребёнком, когда матери нет дома
- **акробатика** – вид гимнастики; спортивная акробатика – вид спорта
- **так или иначе** – в любом случае
- **связанный**: события связаны со спортом – события, которые были благодаря спорту

Вопросы:

1. Почему Ирина очень быстро повзрослела? Как вы думаете, какой характер был у девочки?

2. Зачем папа Ирины ездил с ней в другой город?

3. Сколько было лет младшему брату девочки, когда ей было 5 лет?

4. Каким ещё спортом занималась Ирина кроме настольного тенниса?

5. Почему тренеры посоветовали Ирине больше времени заниматься теннисом?

Ирина Битюцкая (справа) – золотая медаль

Ирина всегда очень хотела, чтобы родители её увидели, хотя и понимала, что это невозможно – даже если она станет врачом, как мечтала. Со временем её желание **трансформировалось**: пусть, к сожалению, родители никогда её не увидят, но они могут узнать о её успехах. И это стало прекрасным **стимулом** для Ирины – её личной мотивацией. Она поняла, для чего быть первой, для чего побеждать – и в жизни, и в спорте: выигрывать на соревнованиях, получать **призы** и награды.

Настольный теннис – очень интересный вид спорта. Сейчас уже не важно, где появилась игра, хотя в Великобритании считают теннис своим. Климат в этой

Спорт – это характер • 9

стране капризный, дождливый. Большой теннис давно был популярным, но время игр часто меняли из-за плохой погоды. Однажды соревнования решили организовать в здании. Сначала играли на полу, а позже – на двух столах, что было удобнее. Так появился настольный теннис.

Игра быстро понравилась англичанам: даже богатая публика ей заинтересовалась. Скоро о правилах игры узнали в Европе и даже в Африке.

До 1900 года в новый теннис играли без правил, на обычных столах, используя вместо **сетки** – книги, вместо **ракеток** – листы **картона**. В 20 веке появились правила, а игру стали называть «пинг-понг».

Комментарии:

- **трансформироваться** – измениться
- **стимул** – причина, мотив для действия
- **приз** – награда (prize)
- **сетка, ракетка** – см. изображения
- **картон** – толстая бумага

Ракетка   *Сетка*

Вопросы:

1. Какая мечта была у Ирины?

2. Почему девочка решила, что должна обязательно побеждать на турнирах?

3. Почему некоторые считают Великобританию родиной настольного тенниса?

4. Как раньше мог выглядеть стол и ракетки для игры в настольный теннис? Из чего их делали? Расскажите.

5. Какое новое название дали настольному теннису?

Спорт – это характер • 11

Современное название – настольный теннис – было дано в 1926 году. Именно тогда была создана Международная федерация настольного тенниса. Кстати, теперь пинг-понг – это другой вид спорта, у него свои правила. С 1988 года настольный теннис – олимпийская дисциплина.

Настольный теннис – это игра, в которую может играть каждый – просто для удовольствия. Занятия им улучшают здоровье человека. Это хорошая тренировка сердца и всего организма, а, значит, профилактика многих болезней. Доктора говорят, что одна игра заменяет бег на 7 километров. Постоянные тренировки улучшают периферическое зрение. А всё потому, что во время игры глаз тренируется, как при гимнастике.

В настольном теннисе только в 40% случаев можно использовать известные схемы. В 60% – это экстраординарные, сложные ситуации, которые постоянно появляются у спортсмена. Поэтому игрок всегда тренирует свой ум и логику, должен быстро реагировать на ситуацию и принимать правильное решение за короткое время.

Момент игры

Только подумайте: скорость мяча около 160 километров в час! Именно за этот короткий момент теннисист должен понять, как играть дальше.

Вопросы:

1. Когда создали Международную федерацию настольного тенниса? А в каком году этот вид спорта включили в программу Олимпийских игр?
2. Как занятия настольным теннисом влияют на здоровье человека?
3. Продолжите фразу: «Хороший игрок в настольный теннис должен быть не только сильным и быстрым, но и …».
4. Сравните скорость обычной машины и скорость теннисного мяча. Что быстрее?

Спорт – это характер • 13

Кстати, начать заниматься настольным теннисом можно в любом возрасте. Этот вид спорта учит думать – его даже иногда называют «спортом для мозга». Конечно, у спортсмена работает всё тело, особенно колени и спина. В настольном теннисе игрок всё время движется около стола, переходя от одного конца к другому, из ближней зоны в дальнюю и наоборот.

До 20 лет в жизни Ирины были только спорт и учёба. В 15 лет она стала **серебряным призёром** на чемпионате Европы среди **юниоров**, и это далеко не единственная её победа: в списке её **медалей** – **открытые первенства** Польши, Португалии, Словакии, золотая медаль Международного **юношеского турнира** стран **СНГ**. Битюцкая и сейчас постоянно участвует в соревнованиях, но уже как тренер. Она делает всё, чтобы её ученики побеждали, как и она когда-то.

Конечно, она выигрывала в первую очередь благодаря своему таланту. Но никакой успех был бы невозможен без тренеров Ирины, без их профессиональной, психологической и даже финансовой помощи. Они

Спортивные юношеские игры стран СНГ и Балтии, 2002 год. Ирина Битюцкая (на пьедестале справа) – 1 место в парном разряде

рассказывали девочке о стратегии и тактике игры, учили Ирину быть серьёзной, объясняли, как сконцентрироваться; как стать лучше, чем вчера; как получить – от себя – стопроцентный результат на тренировке и на турнире, а ещё – как победить свой страх и сомнения и, конечно же, как **в итоге** выиграть. Все эти знания Ирина использует сегодня как тренер в своей работе с детьми.

Комментарии:

• **призёр** – участник соревнования, получивший награду; серебряный призёр – спортсмен (или спортсменка), занявший в соревнованиях второе место и получивший серебряную медаль

• **юниор** – молодой спортсмен (или спортсменка), участвующий в юношеских соревнованиях молодёжи от 14 до 22 лет

• **медаль** – см. фото

• **первенство, открытое первенство** – вид соревнований, в которых могут участвовать спортсмены любого уровня

• **юношеский**: юношеские соревнования – соревнования молодёжи

Медаль   Пьедестал

- **турнир** – вид соревнований, проводимых для игровых видов спорта (теннис, шахматы и др.)
- **СНГ** – Содружество независимых государств – международная организация, куда входит Россия и некоторые её соседи – республики бывшего СССР: Беларусь, Казахстан, Киргизия, Армения, Азербайджан, Таджикистан, Туркменистан, Узбекистан, Молдова
- **страны Балтии** – республики бывшего СССР на Балтийском море: Литва, Латвия и Эстония
- **пьедестал** – см. фото
- **разряд** – группа, категория; парный разряд – вид игры, в которой одновременно участвуют не два, а четыре теннисиста
- **итог** – результат

Вопросы:

1. Посмотрите на фотографию Ирины с соревнований стран СНГ и Балтии. Кто выиграл этот турнир? Почему Ирина стоит не одна?

2. Участвует ли сейчас Ирина в соревнованиях?

3. Как тренеры помогали юной спортсменке?

4. Какие знания из детства Ирина применяет в своей работе тренером сегодня?

90-е годы XX века были очень трудными для россиян. СССР больше не было, и многие люди потеряли работу. В семье Ирины тоже было очень мало денег: родители не могли платить не только за поездки на соревнования, но и за спортивную одежду.

К счастью, у Ирины в то время была небольшая стипендия, и, конечно, все деньги она отдавала родителям. Она была горда тем, что может хотя бы чем-то им помочь. Хорошо, что рядом с Ириной всегда были её тренеры – Таисия Залукаева, Вартан Гаспаров, Андрей Климов. Они не только искали **спонсоров**, которые покупали девочке форму, спортивную **экипировку** и **инвентарь**, но и помогали своими деньгами, хотя им было в тот момент так же трудно,

Тренер В.Я. Гаспаров

Тренер А.Н. Климов

как и большинству граждан бывшего СССР. Большая удача – найти таких учителей, как у Ирины.

В 11 классе девочке нужно было выбирать: остаться в спорте или пойти учиться на **медика**, чтобы стать врачом, как она мечтала – для помощи родителям. Тренеры убедили её продолжать заниматься. Когда пройдет много лет, она поймёт, что в тот момент всё сделала правильно. Как

Спорт – это характер • 17

Памятник уличным продавцам (челнокам) 1990-х в Екатеринбурге

тренер, она приносит огромную **пользу**: готовит молодых спортсменов, передаёт им уникальные знания, которые получила от своих учителей.

Комментарии:

- **спонсор** – человек (или группа людей), помогающий финансами кому-либо для рекламы
- **экипировка** – специальная спортивная одежда
- **инвентарь**: спортивный инвентарь – спортивные «инструменты»; для теннисиста это мячи, ракетки и т. д.
- **медик** – медицинский работник, врач
- **польза** – что-то хорошее, хороший результат

Вопросы:

1. Почему 90-е годы в России были непростыми? Как это повлияло на семью Ирины?
2. Как Ирина помогала своей семье?
3. А как тренеры помогали девочке в такое трудное время?
4. Ирина хотела стать врачом, но выбрала спорт. Пожалела ли она позже о своём решении?

Ученики Ирины Битюцкой – победители и призёры

Надо сказать, что спорт помог Ирине не только найти друзей, но и создать семью. Мужем Ирины стал сын её тренера Андрея Климова. Вячеслав Климов тоже занимался настольным теннисом и встретил Ирину на тренировке. Скоро они поженились, и у них родился ребёнок. Ирина говорит, что это был самый счастливый момент в её жизни, который, правда, откорректировал её спортивные планы. Дело в том, что старший сын Ирины родился перед Олимпиадой, поучаствовать в которой мечтает каждый спортсмен. У Битюцкой были все шансы на участие, и, конечно, она, как спортсменка, очень хотела играть там. В тот момент ей очень помогли слова матери: «Главная твоя победа – это ребёнок. Его никогда не смогут заменить никакие медали. Пройдёт время, и ты поймёшь, что всё сделала правильно». И, хотя рождение сына положило конец спортивной карьере Ирины, одновременно это стало началом нового пути – в тренерскую работу – такую важную и нужную для детей, которых Битюцкая учит вот уже 14 лет.

Спорт – это характер • 19

На её тренировках – дети разного возраста. Ирина считает, что её задача – дать ребятам свой опыт и полученные от учителей знания, что помогло бы стать детям чемпионами не только в спорте, но и в обычной жизни. Они вместе смотрят фильмы, обсуждают поведение героев, учатся видеть и понимать, какие черты их характера приводят к победе.

На сборах

Комментарии:

• **сборы**: спортивные сборы – тренировки «на выезде» (то есть в другом городе) перед началом нового спортивного сезона

Вопросы:

1. Где спортсменка познакомилась со своим будущим мужем?

2. Как рождение сына повлияло на спортивную карьеру Ирины?

3. Кто помог девушке принять решение не ехать на Олимпиаду?

4. Чему и как Ирина учит своих юных спортсменов?

5. Как вы считаете, что значит фраза «быть чемпионами в жизни»?

6. Важно ли, по вашему мнению, быть чемпионом в обычной жизни? Какой характер должен быть у такого чемпиона?

Ян-Уве Вальднер

Ирина знает, как важен для ребёнка **авторитет** и **положительный** пример. В её случае это был Ян-Уве Вальднер. Он единственный европеец, которому удалось побеждать китайских и корейских спортсменов. Так, например, именно он выиграл золотую олимпийскую медаль в 1992 году, хотя у него были очень серьёзные **соперники** из Юго-Восточной Азии. С одной стороны, эта победа – результат постоянной работы: с 14 лет тренировки каждое утро и вечер, по 7 часов в день, а между ними – самостоятельные занятия. С другой стороны, Вальднер всегда хотел быть только первым – на любом турнире! В 9 лет он уже чемпион Швеции – в своей **возрастной группе**, а впереди еще 41 медаль на соревнованиях самого высокого уровня – европейских и мировых чемпионатов. Ян-Уве называют «Моцартом настольного тенниса» – из-за его **манеры** игры. Он и мяч – это одно целое, он им как будто жонглирует.

Спорт – это характер • 21

М. Носов с братьями Мазуновыми и Д. Гусевым на турнире в Москве

Советская теннисная школа тоже известна не менее сильными спортсменами. Дмитрий Мазунов в шестнадцать лет стал членом **сборной команды** СССР, а уже в семнадцать лет победил легендарного Вальднера – чемпиона мира на тот момент. Его старший брат Андрей тоже занимался настольным теннисом. Каждый день ребята тренировались по 8-10 часов. Бассейн, теннисный зал, школа, опять теннисный зал – **график занятий** был очень строгий. Всё это **позволило** получить отличный результат.

Комментарии:

• **авторитет** – тот, кого уважают и любят, на кого хотят быть похожим

• **положительный** – хороший, позитивный

• **соперник** – конкурент

• **возрастной**: возрастная группа – группа спортсменов одного возраста

• **манера** – стиль; манера игры – стиль игры

• **сборная** (сущ.): спортивная сборная команда (по теннису...) – коллектив лучших спортсменов страны; сборная СССР – коллектив лучших спортсменов СССР

Андрей и Дмитрий Мазуновы, 1989 год

- **график**: график тренировок – расписание тренировок
- **позволить** – дать возможность сделать что-либо

Вопросы:

1. Почему Ирина выбрала шведского игрока в настольный теннис своим кумиром?
2. Как Ян-Уве Вальднер смог добиться таких высоких результатов в спорте?
3. Почему этого спортсмена сравнивают с Моцартом?
4. Кто из советских спортсменов смог победить «первую ракетку» мира?
5. Какой график тренировок был у советских теннисистов?

Андрей и Дмитрий Мазуновы

Играя в паре, братья Мазуновы дважды становились **призёрами** чемпионата мира: в Японии в 1991 году – **бронзовыми**, в Лас-Вегасе в 1992 – серебряными. Дмитрий принимал участие в четырех Олимпиадах, а Андрей – в трёх! У обоих очень много серебряных и бронзовых медалей европейских чемпионатов. Дмитрий дважды становился чемпионом СССР и три раза – России. Он играл за Россию более 20 лет. А родились братья Мазуновы в обычной семье, в которой в настольный теннис не играли. Их отец был **кандидатом в мастера спорта** по шахматам. Но, когда мальчики решили серьёзно заняться настольным теннисом, родители-инженеры их с радостью **поддержали**. Возможно, именно эта помощь дала братьям хороший старт и сделала их лучше многих других теннисистов.

Ещё один авторитет для Ирины – это советская теннисистка Зоя Руднова, у которой так много золотых медалей европейских чемпионатов, что даже сейчас (а Зоя умерла в 2014-м году) ей нет равных. Два раза Зоя становилась призёром Олимпиады: один раз бронзовым, а второй раз – золотым. Но в детстве Рудновой сначала не хотели брать **в секцию настольного тенниса** из-за возраста. Обычно туда приходят дети в 7-8 лет, а ей – на момент начала – было уже 13! Но Зоя очень хотела заниматься и убедила тренера её принять. В результате уже через год — когда ей было 14 лет — она стала мастером спорта и начала побеждать в больших соревнованиях.

Комментарии:

- **бронзовый**: бронзовый призёр — спортсмен, занявший в соревнованиях третье место и получивший бронзовую медаль
- **кандидат**: кандидат в мастера спорта (КМС) — титул спортсмена профессионального уровня

Зоя Руднова

- **поддерживать** — помогать
- **секция**: спортивная секция — организация для занятий спортом, школа

Вопросы:

1. Как родители братьев Мазуновых отреагировали на желание детей серьёзно заниматься настольным теннисом?
2. Какой рекорд Зои Рудновой до сих пор не могут побить?
3. Почему тренер в секции настольного тенниса не хотел заниматься с Зоей?
4. Как вы думаете, как девушка смогла уговорить тренера принять её в секцию? Какие фразы она использовала?
5. Сколько лет спортсменка тренировалась в секции до первых побед на крупных соревнованиях?

Спорт — это характер • 25

Зою называли «Мистер Руднова», и не случайно. Во-первых, Зоя не только участвовала в мужских соревнованиях по теннису в СССР, но и выиграла в них. Во-вторых, она играла в паре с мужчиной, и их пара всегда побеждала. В-третьих, стиль ее игры был очень похож на мужской: такой у неё был характер. Всю ее жизнь в спорте можно описать одним словом: триумф. Она никогда не уезжала с турниров без медали.

В 1970 году Руднова стала абсолютной чемпионкой Европы, забрав себе все золотые медали – во всех видах соревнований: индивидуально и в команде, а также

Зоя Руднова в паре со Стасом Гомозковым

Зоя Руднова с тренером Сергеем Шпрахом

в парной игре. Её тренер Сергей Шпрах всегда верил в Руднову: ведь это он взял в её в настольный теннис в 13 лет и не ошибся. Однажды она поехала на чемпионат в Германию одна: Сергей Шпрах остался в Москве. Руднова заняла первое место. После победы Сергей сказал Рудновой по телефону, что на её ракетке есть стикер, и попросил Зою убрать её. Когда она это сделала, то увидела, что под ней было написано «Чемпионка мира». Сергей был так уверен в победе Зои, что заранее сделал надпись. Возможно, именно вера тренера давала Зое силу, чтобы победить.

Вопросы:

1. Почему девушку Зою называли «Мистер»?
2. Чем знамениты соревнования 1970 года, в которых участвовала спортсменка?
3. Какой сюрприз приготовил тренер Рудновой, когда не смог поехать с ней на соревнования?
4. Как вы думаете, как вера тренера помогала спортсменке побеждать?

Спорт – это характер • 27

Ученики Ирины Битюцкой – победители и призёры

Мы все знаем, что успех – и в спорте, и в жизни – напрямую зависит от наших учителей. Кстати, авторитеты, или кумиры – это тоже наши учителя. Мы так хотим быть похожими на известных людей, что копируем их и в результате у них учимся. Авторитет – это **ориентир** на многие годы, поэтому так важно его правильно выбрать. Взрослые могут сделать это самостоятельно, а детям нужно помогать. Ирина, как тренер, понимает, насколько это важно. Она рассказывает детям не только о технике игры великих теннисистов, но и об их характере, об этапах в их жизни, об их учителях – о том, что в результате приводило их к победе – не только над соперником, но и над собой. Не все дети остаются в спорте, но полученные знания помогают им быть успешными во всём.

Тренер должен быть внимательным к ученику, к его **антропометрическим данным** и характеру – от этого зависят рекомендации по стилю игры. Если спортсмен активный, быстрый, ему понравится атаковать. Если у ребёнка длинные руки и ноги, ему советуют играть в **защите**. Есть также **смешанный стиль** – возможно, самый сложный для соперника.

Комментарии:

• **ориентир** – то, что помогает найти дорогу, чтобы понять, куда идти

• **антропометрический**: антропометрические данные – информация о частях тела человека – об их размере, форме и т. д.

• **защита** – действия спортсмена, нейтрализующие атаки соперника

• **смешанный**: смешанный стиль игры – спортивный стиль, в котором есть элементы атаки и защиты

Вопросы:

1. Вы согласны, что это важно – иметь кумира? А у вас есть кумир?

2. О чём ещё, кроме техники игры великих спортсменов, рассказывает тренер своим ученикам?

3. Посмотрите на фотографии учеников Ирины. Как вы думаете, сколько лет детям, которых она тренирует?

4. Как внешние данные и характер спортсмена могут влиять на стиль игры спортсмена?

Обычная тренировка

Ирина Битюцкая – тренер, который вложил всё, и даже больше...

Ирина всегда играла в атакующем стиле, который ей порекомендовали тренеры – из-за характера. Теперь Битюцкая понимает, что именно ситуация в семье сформировала её характер, научила побеждать в жизни и на турнирах, сделала из неё успешного человека. Как ни странно, её старт был лучше, чем у многих её учеников, которым не нужно было рано становиться самостоятельными, чтобы помогать родителям. Понимая это, Ирина старается в первую очередь научить своих юных теннисистов самостоятельности. К сожалению, родители школьников часто об этом совсем не думают. Многие не дают своим детям на самостоятельность никакого шанса. Они всегда вместе с ребёнком и всегда ему во всём помогают. Так, например, многие родители учеников Ирины на тренировках и соревнованиях не дают детям самим налить воду в чашку с чаем, добавить туда **сахар** и даже **размешать** его. Такой ребёнок будет ждать постоянной помощи от взрослых даже в самых маленьких делах. Как же он сможет что-то сделать без них?

Ещё одно важное качество, которое Ирина хотела бы сформировать в своих учениках, – это оптимизм. В жизни любого спортсмена и обычного человека бывают трудности, проблемы, неудачи. Главное в эти сложные моменты – продолжать делать то, что любишь.

Комментарии:

• **размешать**: размешать сахар – при помощи ложки мешать сахар в чае, в воде и т. д., чтобы сделать её сладкой

Вопросы:

1. Почему Ирина выбрала атакующий стиль игры в настольный теннис?
2. Вспомните, в какой семье выросла девушка. Как это повлияло на её характер?
3. Какие два важных качества должны быть у юных спортсменов?
4. Почему так важно, чтобы ребёнок был самостоятельным?
5. А вы оптимист или пессимист? Как это влияет на вашу жизнь?

Ирина вспоминает мальчика Ислама, который каждый день ездил в спортивную школу к 8 утра из другого города. Он занимался много лет и был на всех тренировках, хотя иногда – перед турнирами – они проходили два раза в день. У Ислама были хорошие результаты, и Ирина – как тренер – видела: тренировок в спортивной школе мальчику уже недостаточно. Она решила направить мальчика в клуб настольного тенниса. Битюцкая очень хотела, чтобы Ислам смог играть за **екатеринбургский УГМК**. Это один из лидирующих клубов в данном виде спорта. У Ислама были все шансы на **поступление в клуб**, но в последний момент пришёл **отказ**. Первой реакцией ребенка была апатия: у него не было желания продолжать.

Похожая ситуация была и в жизни Ирины. В десятом классе школы Битюцкая почувствовала, что очень устала. Учёба в обычной и в спортивной школе, постоянные тренировки, подготовка к турнирам, поездки на соревнования – этого было так много, что в какой-то момент Ирина тоже почувствовала апатию. У неё был сильный стресс, и в то время она хотела только одного: уйти из спорта. Для тренеров Ирины и её

Ислам на тренировке

32 • Как стать успешным и счастливым : новые русские истории

товарищей по команде это был шок. Домой к Битюцким – для разговора – приходил даже директор спортивной школы – безрезультатно. Тогда всем помогла мама Ирины, которая посоветовала тренерам оставить девочку одну, не **беспокоить** её какое-то время. Битюцкая не ходила в спортзал две недели, хорошо отдохнула и… с радостью побежала на тренировку.

Комментарии:

• **клуб УГМК** – клуб настольного тенниса, который спонсирует Уральская горно-металлургическая компания (УГМК)

• **екатеринбургский**: Екатеринбург – большой российский город на Урале

• **отказ** – ответ «нет» на просьбу или предложение

• **поступление в клуб**, поступить в клуб – быть принятым в клуб

• **беспокоить** – мешать

Вопросы:

1. Как вы думаете, какой характер у Ислама? Почему вы так считаете?
2. Почему тренер решила, что мальчику нужны более сложные тренировки?
3. Что стало причиной апатии теннисиста?
4. Почему Ирина хотела уйти из спорта, когда была подростком?
5. Как мама помогла решить эту проблему?
6. Почему не только тренер, но и директор спортивной школы говорил с родителями Ирины?

Ислам на пъедестале почёта

Ислам тоже вернулся к занятиям. Ирина объяснила мальчику: отказ, который он получил от клуба, нужно использовать как мотивацию, как стимул. Она начала готовить Ислама к **Спартакиаде** учащихся спортивных школ, на которой он занял хорошее – для его уровня – место. Ислам снова поверил в себя и с энтузиазмом продолжил тренироваться, получая хорошие результаты и побеждая в матчах.

После школы Ислам пошёл учиться на повара, но спорт не ушёл из его жизни. Он постоянно играет в настольный теннис – теперь уже как любитель. И пусть Ислам закончил спортивную карьеру и не стал профессиональным теннисистом, уроки жизни, которые он получил на тренировках и на соревнованиях, навсегда останутся с ним. Так же, как и в жизни Ирины, которую спорт научил всему, что она знает, и подарил ей всё, что сейчас у неё есть.

Ирина Битюцкая в кругу семьи

Комментарии:

• **Спартакиада** – массовое спортивное соревнование. Название «спартакиада» происходит от имени Спартак (лидера восстания рабов в Древнем Риме в 73-71 годах до нашей эры).

Вопросы:

1. Как тренер помогла Исламу вернуться к занятиям?
2. Какую профессию мальчик выбрал после школы?
3. Какую роль в его жизни сейчас играет настольный теннис?
4. Посмотрите на фотографию Ирины с семьёй. Всё, что есть у Ирины, благодаря спорту. А за что вы можете поблагодарить спорт?

Спорт – это характер • 35

АБДУЛ-ХАЛИМ ОЛЬМЕЗОВ – ПУТЬ НА ВЕРШИНУ

Россия – огромная страна. Здесь есть **степи** и леса, реки, озёра и моря, **холмы** и горы. А это значит, что можно заниматься любым видом спорта, например, альпинизмом.

У российского альпинизма богатая история, которая началась в XVIII веке – на Камчатке – и продолжилась на Кавказе и в других горных районах. Правда, первые альпинисты не были спортсменами. Как правило, они были военными, учёными и **проводниками**, которые участвовали в географических экспедициях, **составляли** карты, искали золото, серебро и другие металлы, делали научные открытия.

Проводник Килар Хаширов, который поднялся на Эльбрус с научной экспедицией в 1829 г.

В XIX веке на Кавказе появляются **курорты**. В конце века становится особенно популярной **лечебная физкультура** и прогулки по горам – там, куда пациенты приезжают на **термальные воды**. В результате в альпинизм приходит много любителей этого вида спорта. В начале XX века в России появляются первые **горные общества**, и российский альпинизм входит в мировой.

Надо сказать, что европейская часть России – это степи, а потому горы для большинства россиян – это экзотика. При этом в холодной России есть только одни тёплые горы на юге, куда приятно поехать даже зимой, – это Кавказ. Здесь живёт много народов с удивительной и прекрасной культурой, в основном непохожей на русскую. Всё это сделало альпинизм, центр которого традиционно находится на Кавказе, самым романтичным видом спорта сначала в СССР, а потом и в России – увлечением для романтиков.

Комментарии:

- **вершина** – верхняя точка; вершина горы – верхняя точка горы
- **степь** – см. фото
- **холм** – см. фото
- **проводник** – тот, кто помогает найти дорогу
- **составлять карты** – делать карты
- **курорт** – место с хорошим климатом и полезными для здоровья природными ресурсами, где люди отдыхают и лечатся
- **лечебный** – терапевтический. Лечебная физкультура – физические упражнения с терапевтическим эффектом
- **термальная вода** – горячая вода под землёй

Спорт – это характер

Степь   Холм

• **горное общество** – ассоциация российских географов и альпинистов

• **сообщество** – общество, группа людей с общими интересами

Вопросы:

1. Кем были по профессии первые русские альпинисты?

2. Как вы понимаете слово «курорт»? Как вы думаете, почему на Кавказе много курортов?

3. Благодаря чему альпинизмом стали интересоваться обычные люди?

4. Когда Россия стала частью международного **сообщества** альпинистов?

5. Почему альпинизм называют спортом романтиков?

38 • Как стать успешным и счастливым : новые русские истории

Пик популярности альпинизма в нашей стране – это 60-е–70-е годы XX века. Известные советские поэты, такие как Юрий Визбор и Владимир Высоцкий, пишут стихи и песни, талантливые режиссёры снимают фильмы о горах, которые знают и любят в России и сегодня: «**Высота**», «Пока стоят горы» и другие.

В истории советского и российского спорта много известных имён. Тот, кто любит горы, хорошо знает братьев Абалаковых, Владимира Моногарова, Александра Шуйнова, Анатолия Букреева, Михаила Хергиани... Все они сделали для российского и мирового альпинизма очень много, хотя часто – с формальной точки зрения – были просто любителями.

Так, например, **создатель** известного во всём мире базового альпинистского стиля Виталий Абалаков был

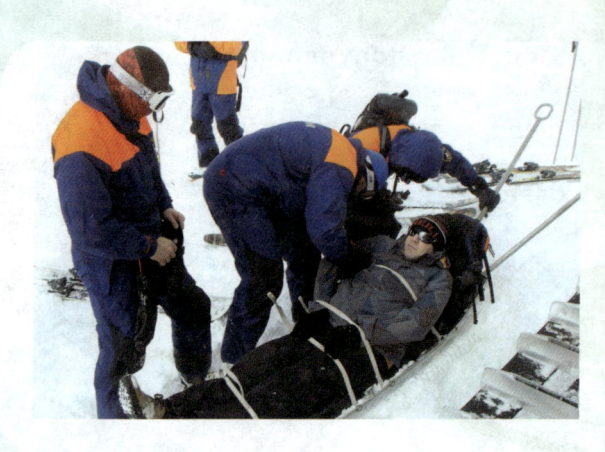

Спасатели

инженером-механиком, а его брат Евгений — скульптором. Владимир Моногаров был доктором биологических наук, профессором-физиологом, а Анатолий Букреев сначала работал лыжным тренером в детской спортивной школе, а потом стал горным **гидом**.

Современные российские альпинисты тоже часто занимаются любимым видом спорта только в свободное время. Гидом сейчас работает президент Федерации альпинизма Кабардино-Балкарии, **спасатель** международного класса Абдул-Халим Ольмезов, который зажигал олимпийский огонь на **Эльбрусе** для XXII Зимних олимпийских игр, впервые в истории проходивших в России. Он — профессионал самого высокого уровня, но участвовал в альпинистских соревнованиях не часто: времени для них не всегда хватало. Возможно, поэтому он впервые поднялся на Эверест только в 54 года, а второй раз — в 2011-м году — в возрасте 56 лет.

Комментарии:

- **пик популярности** — максимум популярности
- **высота** — высокое место, высокие места
- **создатель** — автор

Эльбрус

- **гид** – экскурсовод
- **спасатель** – тот, кто помогает спасти жизнь и здоровье
- **Эльбрус** – «гора счастья» на кабардинском языке. Самая высокая гора России
- **снаряжение**: спортивное снаряжение – спортивный инвентарь и экипировка

Вопросы:

1. Посмотрите на афишу фильма «Пока стоят горы» на странице 39. Как вы думаете, о чём он?

2. Посмотрите на фотографию альпинистов. Какое **снаряжение** и какая одежда у спортсменов-любителей?

3. Известные советские альпинисты – профессионалы или любители?

4. Кем работали альпинисты в обычной жизни? Как вы думаете, как им удавалось одновременно работать и серьёзно заниматься спортом?

5. Почему президент Федерации альпинизма Кабардино-Балкарии редко принимал участие в соревнованиях по альпинизму?

6. Сколько раз он побывал на Эвересте? В каких годах?

Спорт – это характер • 41

Абдул-Халим Ольмезов родился не на Кавказе, а в Казахстане. Казахстан — это страна степей, но на юге есть горы, и Ольмезовы жили именно там. У них были овцы, и мальчик начал ходить с ними в горы ещё **дошкольником**, чтобы помогать **родным**. Интересно, что рядом жила семья первого президента Казахстана Нурсултана Назарбаева. Они были соседями и хорошо знали друг друга.

В 1969 году семья Ольмезовых переезжает на историческую родину — на Кавказ, в Приэльбрусье. Теперь они живут в **посёлке Терскол**, который находится в 12 километрах от Эльбруса. Абдул-Халим учится и снова помогает родителям: каждый день ходит с овцами в горы.

Он заканчивает школу, идёт в армию, становится спасателем на **канатной дороге** Эльбрус, мечтает поступить в медицинский институт. К сожалению, серьёзная травма меняет его планы. Врачом ему стать так и не удалось. Как и раньше, он продолжает работать спасателем. На 25 лет эта работа становится центром его жизни. За это время Абдул-Халим участвует во множестве спасательных операций (их было более 500), более 220 раз поднимается на Эльбрус.

Первый президент Казахстана Нурсултан Назарбаев

42 • Как стать успешным и счастливым : новые русские истории

Но он хорошо помнит день, когда это произошло впервые.

Комментарии:

- **дошкольник** – ребёнок в возрасте до 7 лет
- **родные** – родственники
- **посёлок** – деревня
- **Терскол** – посёлок рядом с Эльбрусом
- **канатная дорога** – см. фото

Терскол

Вопросы:

1. Когда Абдул-Халим Ольмезов начал ходить в горы? Зачем он ходил в горы?
2. Кто был соседом Ольмезова, когда семья спортсмена жила в Казахстане?
3. Рядом с какой горой находился посёлок Абдул-Халима?
4. Почему Ольмезов не смог стать доктором?
5. Почему он так много раз бывал на Эльбрусе?

Канатная дорога Азау – Эльбрус

Спорт – это характер

В 1985 году СССР и весь мир праздновал **юбилей**: прошло 40 лет со дня окончания Второй мировой войны. В России этот праздник называют Днём Победы. Спасатели **Приэльбрусья** решили **отметить** эту дату **восхождением** на Эльбурс. Абдул-Халим ушёл на три часа позже своих товарищей. Он очень спешил и в результате – неожиданно для самого себя – пришел на вершину первым. Этот опыт помог Абдул-Халиму увидеть, что быстрота, скорость – его сильная сторона в альпинизме. Возможно, благодаря данному качеству его выбрали – среди многих – для эстафеты олимпийского огня.

2014 год был для России **особенным**. Именно в этот год в российском городе Сочи прошли XXII зимние Олимпийские игры.

Это было грандиозное событие, к которому россияне долго готовились. В районе Сочи, который находится на берегу Чёрного моря, был построен целый туристический и спортивный кластер. Дело в том, что Олимпийские игры – за всю историю этого движения – прошли в России только один раз: летом 1980 года (ещё в Советском Союзе). Но зимняя Олимпиада – до 2014-го года – не проводилась ни разу. Россияне были очень рады решению Международного спортивного комитета. Специально для этого события было решено организовать большую эстафету олимпийского огня.

Комментарии:

- **юбилей** – день рождения в «круглую» дату: 10, 15, 20, 25 лет и т. д.
- **Приэльбрусье** – горы в районе Эльбруса

- **отмечать праздник** – праздновать
- **восхождение на гору** – подъём на вершину горы
- **особенный** – не такой, как все, необычный

Вопросы:

1. Что отмечают в России в День Победы? А какого числа этот праздник?

2. Почему Абдул-Халим удивился, что пришёл на вершину раньше своих коллег?

3. Благодаря каким сильным сторонам альпиниста его выбрали для эстафеты олимпийского огня?

4. Как называется город, где проходили зимние Олимпийские игры в 2014 году?

5. Как город подготовился к этому событию?

6. В России уже были Олимпийские игры до 2014 года? А в СССР?

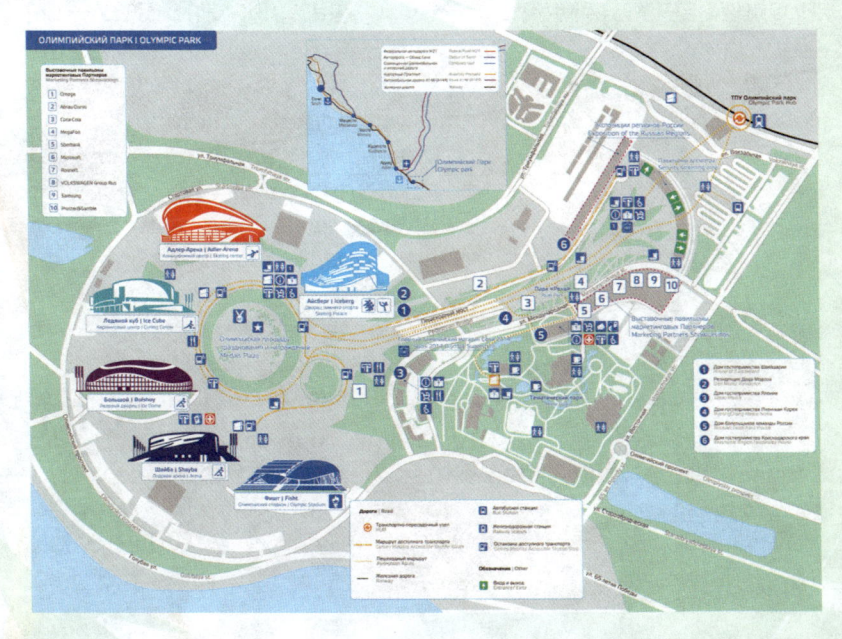

Спорт – это характер

Факел

В истории Олимпийских игр эстафета 2014 года была самой **масштабной**. 123 дня 14 000 участников передавали друг другу **факел** с олимпийским огнём на дистанции 65 000 километров. Спортсмены бежали с факелом, его везли – через всю Россию – на поездах, самолётах, кораблях, на лошадях и **оленях**. Впервые в истории олимпийского движения огонь побывал на Северном полюсе. В район **Баренцева моря** его помог доставить атомный **ледокол** «50 лет Победы», потом факел несли спортсмены – до самого полюса. Один факел (правда, без огня) летал в космос – на Международную космическую станцию – именно этим факелом зажгли Олимпийскую **чашу** при

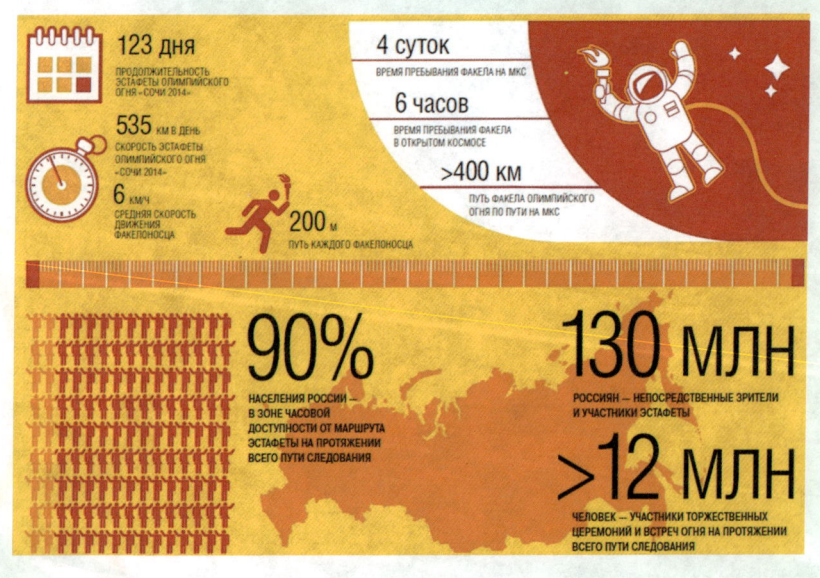

123 дня
ПРОДОЛЖИТЕЛЬНОСТЬ ЭСТАФЕТЫ ОЛИМПИЙСКОГО ОГНЯ «СОЧИ 2014»

535 км в день
СКОРОСТЬ ЭСТАФЕТЫ ОЛИМПИЙСКОГО ОГНЯ «СОЧИ 2014»

6 км/ч
СРЕДНЯЯ СКОРОСТЬ ДВИЖЕНИЯ ФАКЕЛОНОСЦА

200 м
ПУТЬ КАЖДОГО ФАКЕЛОНОСЦА

4 суток
ВРЕМЯ ПРЕБЫВАНИЯ ФАКЕЛА НА МКС

6 часов
ВРЕМЯ ПРЕБЫВАНИЯ ФАКЕЛА В ОТКРЫТОМ КОСМОСЕ

>400 км
ПУТЬ ФАКЕЛА ОЛИМПИЙСКОГО ОГНЯ ПО ПУТИ НА МКС

90%
НАСЕЛЕНИЯ РОССИИ – В ЗОНЕ ЧАСОВОЙ ДОСТУПНОСТИ ОТ МАРШРУТА ЭСТАФЕТЫ НА ПРОТЯЖЕНИИ ВСЕГО ПУТИ СЛЕДОВАНИЯ

130 млн
РОССИЯН – НЕПОСРЕДСТВЕННЫЕ ЗРИТЕЛИ И УЧАСТНИКИ ЭСТАФЕТЫ

>12 млн
ЧЕЛОВЕК – УЧАСТНИКИ ТОРЖЕСТВЕННЫХ ЦЕРЕМОНИЙ И ВСТРЕЧ ОГНЯ НА ПРОТЯЖЕНИИ ВСЕГО ПУТИ СЛЕДОВАНИЯ

открытии игр. Олимпийский огонь **спускался** на дно Байкала и поднимался на Эльбрус.

Гора Эльбрус — неактивный вулкан высотой 5 634 метра — самая высокая вершина в России, и очень опасная, особенно зимой. Принести туда факел могли только люди, которые знали ее очень хорошо. Абдул-Халим Ольмезов и Карина Мезова — второй участник эстафеты на Эльбрусе — были именно такими людьми. Они оба из Кабардино-Балкарии, на территории которой находится Эльбрус. При этом Карина — **кабардинка**, а Ольмезов — **балкарец**. Чтобы доставить факел на вершину, им нужно было пройти — с **ледорубом** — **сотни** метров льда. Факел

Рюкзак

Спорт — это характер • 47

и чашу (которая весила 15 килограмм) они несли в **рюкзаках**. На вершине альпинисты сначала зажгли факел, а потом уже чашу.

Ледоруб

Комментарии:

- **масштабный** – грандиозный
- **факел** – см. фото на странице 46
- **олень, Баренцево море, ледокол** – см. фото на странице 49
- **спускаться** – идти вниз
- **кабардинцы** – народ Кавказа из Кабардино-Балкарской Республики
- **балкарцы** – народ Кавказа из Кабардино-Балкарской Республики
- **ледоруб** – см. фото на странице 48
- **рюкзак** – см. фото на странице 47
- **сотня** – 100; сотни метров – несколько сот метров

Вопросы:

1. Посмотрите на карту эстафеты олимпийского огня. Через сколько городов провезли факел?
2. В каких необычных местах побывал символ Олимпиады?
3. Почему было важно, чтобы олимпийский огонь доставили спортсмены, которые хорошо знают Эльбрус?
4. Кто по национальности альпинисты, которые доставляли факел на вершину Эльбруса?
5. Посмотрите, как выглядит олимпийский огонь. Сколько он весит?

Олень

Баренцево море

Атомный ледокол

Спорт – это характер • 49

Фёдор Юрчихин

На Эльбрус олимпийский огонь **доставили** прямо из космоса – эстафету своему другу-альпинисту передал космонавт Федор Юрчихин, который поднял олимпийский факел на орбиту.

В России много альпинистов высокого уровня. Почему же для доставки олимпийского огня на Эльбрус выбрали именно Абдул-Халима? Ответить на этот вопрос совсем несложно. Во-первых, Ольмезов знает Эльбрус как свои пять пальцев – ведь это место его работы, его родной дом. Вот уже 50 лет он каждый день приходит сюда. Во-вторых, он занимался **скоростным восхождением** на Эльбрус, его рекордное время при подъеме никто не мог улучшить десять лет! Абдул-Халим так много раз был на вершине, что не может назвать точной цифры.

Два раза он **покорял** Эверест, при этом стал

Золотой ледоруб Абдул-Халима Ольмезова

первым жителем Кавказа, который поднялся на него со стороны Непала – это самый опасный и трудный маршрут. У него есть восхождения на многие вершины Кавказа, Алтая, Гималаев. Участвовал в зимних **марафонских забегах**. Абдул-Халим по праву считается одним из лучших российских альпинистов. Так что Ольмезову не нужны были какие-то специальные тренировки для подъёма факела на вершину Эльбруса. Он уже долгие годы ведёт здоровый образ жизни: не пьёт, не курит, занимается спортом. А ещё он президент Федерации альпинизма Кабардино-Балкарии, директор **службы спасения** в Приэльбрусье и член комитета по науке, образованию, молодёжной политике и спорту республики.

Комментарии:

- **доставить** – принести, привезти
- **скоростной** – быстрый; скоростное восхождение – быстрое восхождение, подъём на гору в максимально быстром темпе
- **золотой ледоруб** – международная награда за большие успехи в альпинизме
- **покорить** – победить; покорить Эверест – суметь подняться на Эверест
- **забег** – соревнование в беге, марафонский забег – соревнование в беге на большой дистанции
- **служба спасения** – Центр работы спасателей

Вопросы:

1. Где побывал олимпийский огонь до Эльбруса?
2. Что значит фраза «знать как свои пять пальцев»?
3. Какой маршрут на Эверест считается самым сложным?
4. Почему Абдул-Халим не готовился специально для доставки факела на Эльбрус?

Как и многие, Абдул-Халим считает альпинизм необычным видом спорта. Альпинист должен победить природу, он каждую минуту решает проблемы, которых в горах очень много: там сложный рельеф, там трудно дышать, там может быть большой холод, сильный ветер и даже снежный ураган – погода постоянно меняется. Но альпинисту нужны не только физические качества спортсмена. Горы любят взаимопомощь: если вы готовы помочь товарищу, вы – их фаворит. Напротив, они не прощают эгоизма, наказывают плохих людей, потому что в горах все действия должны быть максимально правильными. Нельзя забывать ни на минуту, что ошибка может стоить жизни.

Сейчас Абдул-Халиму уже много лет, но он продолжает тренироваться. Каждый день водит группы приезжающих в Приэльбрусье туристов по маршрутам на Эльбрус и на соседние горы.

Абдул-Халим вспоминает о группе, в которой были молодые люди из Москвы с хорошей физической подготовкой. Казалось, они легко поднимутся на любую гору. Но через день-два оказалось, что они плохо понимают, что и как делать. Через некоторое время ребята сказали, что теперь видят свои ошибки и то, как неправильно жили раньше. Теперь они говорят, что настоящая жизнь – в горах. Горы меняют человека, делают его лучше. Альпинизм открывает для человека новый мир. Горы для Абдул-Халима – это красота, здоровье, жизнь! В горах все улыбаются.

Вопросы:

1. Почему считается, что альпинизм – это особый вид спорта?

2. Что важнее для альпинистов – взаимопомощь или эгоизм? Почему?

3. Достаточно ли хорошей физической подготовки, чтобы подняться на Эльбрус?

4. Почему группа из Москвы сказала, что настоящая жизнь – в горах?

5. Что значат горы для Абдул-Халима?

Своим самым большим достижением Абдул-Халим называет работу спасателем. Говорит, что был счастлив, когда находил потерявшихся альпинистов или туристов, пусть травмированных, но живых! Ольмезов говорит, что многие спасательные операции были намного сложнее, опаснее и серьёзнее, чем восхождение на Эверест.

Рецепт счастья Абдул-Халима прост: серьёзно и профессионально делать свою любимую работу и жить для других людей. Тогда всё, что нужно, придёт. Кстати, счастье для Абдул-Халима – это его родственники и друзья, которых у него очень много. Каждый день в гостях – по 10-15 человек.

Он всех принимает с радостью, старается помочь. Большое счастье для него – быть нужным и заниматься всю жизнь тем, что любишь. Шутит, что идёт в горы (а туда он ходит каждый день) как на свидание с любимой девушкой. Вспоминает самые счастливые моменты в своей жизни – рождение внучек. Так что счастья в жизни Абдул-Халима много. И в его основе – любовь.

Вопросы:

1. Чем гордится Абдул-Халим?

2. Что советует альпинист-спасатель, чтобы быть счастливым?

3. Как называют человека, который любит приглашать других людей к себе домой?

4. Как вы думаете, почему люди любят ходить к Ольмезову в гости?

5. Что такое счастье для Абдул-Халима? А что для вас значит счастье?

Использованные изображения

1. https://yandex.ru/maps/geo/nalchik/53119643/?from=tabbar&ll=43.61 8273%2C43.487129&source=serp_navig&z=8
2. https://avatars.mds.yandex.net/get-zen_doc/1877575/pub_5f04b3930 3da746cf2b9b1d4_5f04bd27644aaa355517fde9/scale_1200
3. https://yandex.ru/maps/
4. https://www.backtobasicsamarillo.com/wp-content/uploads/2017/01/bigstock-Athlete-s-Back-Massage-After-F-117497663.jpg
5. https://upload.wikimedia.org/wikipedia/commons/0/08/Partie_de_Tennis_de_table_en_1901.jpg
6. https://a.allegroimg.com/original/0c4237/2a1b3c9a45cf82e67a65507 46e0c
7. https://a.allegroimg.com/original/0338dd/83f4cbc24d2ead78a802c9 5245aa/Rakietka-do-Tenisa-Stolowego-POINT-SCHOOL-ZIELONA
8. https://sc01.alicdn.com/kf/HTB17W.7KVXXXXcdXXXXq6xXFXXXL.jpg
9. https://upload.wikimedia.org/wikipedia/commons/3/35/The_Soviet_Union_1968_CPA_3641_stamp_%28Table_Tennis_%28All_European_Youth_Competitions%2C_Leningrad%29%29_cancelled.jpg
10. https://rttf.ru/public/img/photos/9220/2018.02.25_7430-2%20nt%20 v%20chertanovo%20mihaylova%201920.jpg
11. https://fs.znanio.ru/d5af0e/a4/0d/e758049d4c16224692c9d9df36b3 d0f6c2.jpg
12. https://sc04.alicdn.com/kf/HTB1DGj.SFXXXXaBXFXX760XFXXXv.png
13. https://avatars.mds.yandex.net/get-pdb/1679978/fa3780b2-ffb0-4f53-a1a0-339f9f530ee1/s1200?webp=false
14. https://upload.wikimedia.org/wikipedia/ru/4/48/Памятник_«челнокам»%2C_Екатеринбург%2C_около_ТЦ_«Таганский_Ряд»..JPG
15. https://im0-tub-ru.yandex.net/i?id=b113adc5e33bac30c701f480cef7fb 47-l&n=13
16. https://www.tt-ur.ru/photo/big/03-1985.jpg
17. https://www.wikiznanie.ru/wp/index.php/Мазунов,_Андрей_Вячеславович
18. https://www.tt-ur.ru/photo/big/03-1990.jpg
19. http://def.kondopoga.ru/1180508905-fotoistorii-iz-arhivnogo-sunduka-vladimira-mirskogo-1973-g-final-kubka-sssr-v-moskve.html
20. http://def.kondopoga.ru/uploads/posts/2014-10/1413717020_1968-1971-goda-rudnova-gomozkov-2.jpg

21. http://ttfr.ru/uploads/images/shprah-i-rudnova-1.jpg
22. https://kntummc.ru/gallery/fotogalereya/sbory-v-nalchike-2021/44
23. https://www.borussia-duesseldorf.com/fileadmin/user_upload/logo_UMMC.jpg
24. https://ic.pics.livejournal.com/eponim2008/17443609/217755/217755_original.jpg
25. https://reader.lecta.rosuchebnik.ru/demo/8053-65/data/images/kavkaz_2.eps.jpg
26. http://kids.azovlib.ru/images/МИР%20ПРИРОДЫ/Почемучки/Степь%202.jpg
27. https://i.pinimg.com/originals/a1/00/55/a1005524b22b11bcabb64f5005623cd9.jpg
28. https://kavkaz-kislovodsk.su/sites/default/files/styles/mt_slideshow_full_width/public/2020-05/banner2.jpg?itok=W7d2kdx_
29. https://bidspirit-images.global.ssl.fastly.net/thearc/cloned-images/251930/001/a_ignore_q_80_w_1000_c_limit_001.jpg
30. https://sport-marafon.ru/article/alpinizm/alpinizm-v-sssr-kak-eto-bylo/
31. https://www.mchsmedia.ru/upload/site6/djfwGzCZIu.jpg
32. https://i.ytimg.com/vi/N03sVwuOBEw/maxresdefault.jpg
33. https://cdn.pixabay.com/photo/2018/03/27/21/42/shepherd-3267504_1280.jpg
34. https://www.altyn-orda.kz/uploads/21b6c767bda81add134a548df52d5e7e.jpg
35. https://u20.plpstatic.ru/f98219cdd89779840a2037258e19854c/7833dbc60e1046d22ee4f14b9f9460b7.jpg
36. https://www.ncrc.ru/upload/iblock/e45/img_0217_min.jpg
37. https://www.youtube.com/watch?v=qFnx0qHOkac
38. http://олимпийский-парк.рф/18-karta-olimpijskogo-parka-sochi.html
39. http://900igr.net/up/datai/239319/0003-002-.png
40. https://sportrg.ru/2014/02/01/reg-skfo/elbrus.html
41. https://galeri13.uludagsozluk.com/732/hepbirsonbahar_1811584.jpg
42. https://www.друг-вокруг.рф/media/com_easysocial/photos/215/2246/3c00234f1619038520d9ac460e740f72_original.jpg
43. https://infografics.ru/wp-content/uploads/2019/03/1200px-barents_sea_map_ru.svg.png

44. https://avatars.mds.yandex.net/get-zen_doc/1210285/pub_5e15cbd8c05c7100b09f2cb5_5e2038ad78125e00b19be9e8/scale_1200
45. https://khv27.ru/upload/iblock/cae/cae15f05054dd955489f6cd02ac23942.jpg
46. https://ae01.alicdn.com/kf/HTB150b_bnHuK1RkSndVq6xVwpXal.jpg
47. https://s-cdn.sportbox.ru/images/styles/upload/fp_fotos/f2/43/2013-11-11T040534Z_2099965129_GM1E9BB0XCK01_RTRMADP_3_RUSSIA-SPACE-OLYMPICS_0.JPG
48. https://im0-tub-ru.yandex.net/i?id=b82e2c9b2eaa0accf3061aab267fafb5-l&n=13
49. https://www.nailazbay.com/wp-content/uploads/2013/03/0.jpg?w=640
50. https://fs.tonkosti.ru/25/pw/25pwn5v5xmskscwwc0w4sgc4k.jpg
51. https://gornyashka.ru/media/articles/orig/0/1095.jpg
52. https://ulrgo.ru/upload/iblock/4a9/3-Kotova-legenda_abdul-KHalim_ollmezov-_3_mesto.jpg
53. https://static.tildacdn.com/tild3238-3534-4535-b738-646139346534/photo.jpg
54. https://c.wallhere.com/photos/ee/1b/1920x1200_px_landscape_nature-1076916.jpg!d
55. https://funart.pro/uploads/posts/2020-03/1584646027_20-p-foni-dlya-prezentatsii-na-sportivnie-temi-88.jpg

СОДЕРЖАНИЕ

Детский тренер настольного тенниса
Ирина Битюцкая ... 4

Абдул-Халим Ольмезов – путь на вершину ... 36

Использованные изображения ... 56

ВЫ МОЖЕТЕ ПРИОБРЕСТИ ЭЛЕКТРОННЫЕ ВЕРСИИ НАШИХ КНИГ В ИНТЕРНЕТ-МАГАЗИНАХ И В ЭЛЕКТРОННЫХ БИБЛИОТЕКАХ:

Платформа электронных учебников «Златоуст»: http://rki.zlat.spb.ru
«ЛитРес»: http://www.litres.ru/zlatoust
IPR MEDIA: https://www.ros-edu.ru
«Айбукс»: http://ibooks.ru
«Инфра-М»: http://znanium.com
«Интеракт»: LearnRussian.com, amazon.com, book.megacom.kz, book.beeline.am, book.beeline.kz
РА «Директ-Медиа»: http://www.directmedia.ru
Amazon: www.amazon.com
ООО «ЛАНЬ-Трейд»: http://e.lanbook.com, http://globalf5.com
ОАО ЦКБ «БИБКОМ»: www.ckbib.ru/publishers

Форматы:
Для ридеров: fb2, ePub, ios.ePub, pdf A6, mobi (Kindle), lrf
Для компьютера: txt.zip, rtf, pdf A4, html.zip,
Для телефона: txt, java

КНИЖНЫЕ ИНТЕРНЕТ-МАГАЗИНЫ:

«Златоуст»: https://zlatoust.store/
 Тел.: +7 (812) 703-11-78
 Часы работы офиса: понедельник — пятница: с 10:00 до 19:00.
OZON.RU: http://www.ozon.ru
«Читай-Город»: www.chitai-gorod.ru
«Wildberries»: www.wildberries.ru
Интернет-магазин Books.ru: http://www.books.ru; e-mail: help@books.ru
 Тел.: Москва +7(495) 638-53-05, Санкт-Петербург +7 (812) 380-50-06
BookStreet: http://www.bookstreet.ru
 Тел.: +7 (812) 326-01-27, 326-01-28,
Санкт-Петербург. В.О. Средний проспект, д. 4, здание института «Гипроцемент».
 Часы работы офиса: понедельник — пятница: с 9:00 до 18:30.